임현경
시 집

여린 풀잎이 바람을 흔든다

예솔

시인의 말

시인 고영 선생님과
머리를 맞대고 고민하며
고치기를 거듭했던 시들을 엮어
한 권의 시집으로 내어놓습니다.
모든 이가 공감할 수 있는 시를
쓸 수 있게 되기를
마음 모아 기도드립니다.

차 례

4분 33초*

냉장고 투덜투덜 돌아가는 소리

후다닥 빗방울 도망가는 소리

전깃줄 낭창낭창 휘어지는 소리

얼렁뚱땅 오토바이 지나가는 소리

전화벨이 소스라치게 놀라는 소리

윗집 어린아이 앵앵대는 소리

매콤매콤 어머니 마늘 다지는 소리

아랫집 설거지물 불콰불콰 내려가는 소리

소리, 소리, 소리… 들 모아

4분 33초!

* 미국의 전위음악가 존 케이지의 작품
이 시간 동안 연주자는 피아노 앞에 앉아서 아무런 소리도 내지 않고 다만 피아노 뚜껑만 세 번 열었다 닫는다. 이것은 이 작품이 3악장으로 되어 있음을 의미하는 것이며, 연주자는 4분 33초 동안 침묵으로 일관하지만 그동안 청중이 〈우연히〉 낸 소리들이 바로 이 작품이 만들어낸 소리가 되는 것이다.

4월의 왈츠

햇살이
벚나무 가지 위에
수를 놓는다

향기 없는 향기가
길가에 퍼진다

까르르

아이들의 웃음소리가
비바체로
튀어 오른다

화려한 대왈츠*가
둥둥
공중을 떠다닌다

* 화려한 대왈츠
쇼팽의 왈츠곡 중에서 가장 화려하고 상쾌한 곡이다.

가문의 위기

어머니의 허물어진 요추를
의사가 겨우 일으켜 세워 놓았더니
그 위의 요추가 또 무너져 내렸다

그 즈음 아버지가
췌장암으로 쓰러지셨다

아프다는 말 한마디 하지 못한 채
어머니는
지팡이에 끌려다녔다

그렇게 일 년이 갔다

척추가 다 녹아내렸다

겨울 단상 - 송년

이 겨울이 일찍 저무는 저녁
어두움에 잠겨 윙윙 울어대는 나무와 같이 흐느
낄 때에
나는 그 흐느낌에 몸을 맡기고
결코 다시는 울지 않을 것을
결심하리

창밖으로 성큼
밤이 어두운 눈을 뜬다
그 자리에 촛불을 밝히고
눈을 환하게 열고 있으면
창문 밖에서 서성이던 바람이
흔들던 유리창을 남겨둔 채
먼 길을 떠나겠네

꿈같은 한 해가 지나고
이제 모두 떠날 시간으로
한 발자욱 더 다가선 계절
밤이 깊어갈수록
다시는 오지 못할 길 떠난 바람이
멀리서 흰 옷자락을 보이며
즐거운 편지를 보내겠네

겨울, 그리고...

애인아
황량한 들녘 밤이슬을 밟고 낮은 목소리로 오라
별들은 하늘 끝에 매달려 잠들고
사람들은 빈 발자국을 끌고 돌아온다
버려진 수수깡 속에서 윙윙대는 바람이
성긴 눈발을 날린다
긴 세월 눈물로 삭이며 늙어 가던 강물 위로
막 잠에서 깨어난 어린 물고기가
푸른 물방울을 튕긴다
작은 새처럼 망연히 깃을 친
수숫대 속바람이 달빛 타고 흐르고
겨울 숲은 눈 그늘에 잠겨 천년을 이어갈 꿈을 꾼다
길 잃은 꿈
얼어붙은 달 위에 눈물을 떨어뜨리는 밤
애인아 서둘러 오라

고해성사2

하나님!
당신 수첩에 새겨진 내 이름을 지워주세요

용서는 당신 전문이잖아요

觀淫보살의 一日

한 남자가 내 앞을 지나갔다
어쩌면 수많은 남자들이 내 앞을 지나쳐갔을 것이다
나는 한 남자를 붙잡지 않는다
그냥 스쳐가기로 한다
사랑은 나를 지나쳐가기만 했으므로

한 여자가 웃음을 흘리며 지나간다
한 여자는 자주 웃는다
깔깔거린다
한 여자는 행복할 것이다
한 여자의 행복은 구찌 가방에 있지만 구찌는 한
여자의 행복을 모른다
거리에서는 함부로 웃음을 흘리지 말아야 한다

길바닥에 한 여자의 눈물이 말라붙어 있다
한 남자가 눈물을 떼어낸다
내 앞을 지나갔던 한 남자는 더 이상 눈물을 흘리지 않는다
한 남자의 행복은 어쩌면 페레가모 양복 주머니에 있을지도 모른다
눈물을 흘리는 것은 페레가모 양복 한 벌의 행복을 모르기 때문이다
나는 페레가모 양복을 모른다

한 여자가 모텔로 들어간다
구찌 가방을 들고 엉덩이를 흔들며
쾌락에 몸을 던진 망사스타킹에
다리가 훤히 드러나 있다
침대에 몸을 눕히는 순간 귀걸이가 흔들거린다
샤넬 스카프가 낙엽처럼 떨어진다
내 앞을 지나갔던 한 남자가 모텔로 걸어 들어간다

페레가모 양복에 둘러싸인 채
에르메스 구두는 한 여자를 향한다
번들거리는 구두코

나는 멍청히 TV를 들여다본다
한 남자와 한 여자가 펼치는 사랑을 훔쳐보고 있다

24인치 TV로는 그들의 애희를 다 즐길 수 없다
입맛을 다신다

권태

더위에 지친 개가 어슬렁거리며 창가를 기웃댄다. 오래 닦지 않고 내버려 둔 유리창에 어룽어룽 그림자가 비친다. 방 안을 느리게 날아다니던 파리 한 마리 발을 비비며 잠을 청한다. 창밖에는 나른한 오후의 풍경이 흐물흐물 녹아내린다. 소나기라도 한차례 지나려나? 하늘이 검은 구름을 모으고 있다. 느린 하품이 길게 늘어진다

그 길을 오래도록 걸었다

뉴욕의 밤은 너무 짧았다. 타이프라이터를 두드렸지만 뜬구름만 새겨질 뿐이었다. 종이 위에 찍힌 글들이 유령처럼 꿈속을 배회하였다. 앞날은 활자처럼 또렷하지 않았다. 남들이 다 가는 길을 걷고 싶었다.

타이프라이터 헤드가 옆구리에 박혀 자꾸 욱신거렸다. 누군가 잘 뻗은 시간 속을 달리며 말했다. "그렇게 지그재그로 달려선 안되죠. 곧은길을 찾아야 해요. 지름길 말이에요." 단지 무수한 사람들의 발자국만 머리에 찍힐 뿐이었다. 잘 뚫린 길 위의 표지판처럼 너무 분명해서 오히려 슬픈 길. 오! 절망 속에서 찾아 낸 단 하나의 길. 뉴욕의 밤을 오래도록 걸었다.

그리스도

허탈한 표정 뒤로 얼핏 눈물이 스쳐갔지만
나는 묻지 않기로 한다
보이지 않는 것은 보지 않기로 한다
밑줄 없는 낱말들이 촛농처럼 흘러내린다
지금은, 단지, 쓸쓸한 벤치에서 흘러나오는 기도
소리가
빈 뜨락을 채울 뿐
너는 여전히 말이 없다
묵묵히 서 있는 나무 위에 걸린 석양이
다 소멸할지라도
눈물 속에 내가 있으므로
너는 영원히 죽지 않는다
눈물이 있다는 건
사랑이 숨 쉬고 있다는 것
너의 눈물이 가시관의 꽃을 피웠다
숨죽여 너를 느낀다

그리스도2

물속에는 길이 없어
거제도와 마산을 잇는 해저터널 속을 걷고 있었다
터널은 길고 깊었다
사람들은 끝이 보이지 않는다고 투덜거렸다
그러나 너는 중얼거렸다
- 어딘가 끝이 있겠지

아무도 너의 중얼거림에
귀 기울이지 않았다
사람들은 어두운 소식에만 귀를 열었다
모두 어디론가 가고 있었다
하염없이 터널 속을
터널터널
걷고 있었다
너만은 터널 끝에서 만날
아직 보이지 않는 빛을
밟고 있었다

보이지 않는 끄트머리의 빛을 그리며
휘청거리는 다리를 곧추세웠다
더 이상 버틸 힘이 없을 때에도
너만은 이미 터널의 끝을 밟고 있었다
아니, 절망을 짓밟고 있었다

혼잣말처럼 너는 중얼거렸다
- 어두움은 항상 빛을 끌어당기고 있다
그 소리가
너에게조차 들리지 않아 매몰당하면서도
너는 매양 중얼거렸다
- 어두움은 빛을 품고 있다

그리운 편지

오래 전부터 전하고 싶은 안부가 있습니다. 앵두나무 치마폭에 싸여있던 채송화도 봉숭아도 행복한지요. 나팔꽃이 감고 올라간 빨랫줄은 안녕하신지요. 처마 밑 거미줄엔 아직도 푸른 하늘이 걸려 있는지요. 반딧불이 켜 놓은 알전구는 지금도 영롱한지요. 부뚜막에 앉은 곰보딱지 순이 언니는 지금도 가마솥에 눌러붙은 누룽지를 긁고 있는지요. 검둥이 카미의 울음소리는 여전한지요. 중풍 걸려 누워계신 할아버지는 돌부처처럼 완고하신지요. 아 참! 개여울 속 송사리는 아직 떼로 몰려다니는지요. 원식이 삼촌, 양자 이모, 홍식이 삼촌, 영순이 이모, 영식이 삼촌, 윤식이 삼촌, 영운이 이모, 영욱이 이모, 그리고 늙어 쭈굴쭈굴한 굴뚝. 모두 모두 안녕하신지요.

기다림에 대하여 - 강추위

겨우내 당신을 기다렸더니
봄이 성큼 다가오더군요

당신을 그리워하던 겨울이 너무 추워
봄소식이 문 앞에
긴 편지를 떨구고 갑니다

날이 풀리면 당신이 오기로
동구밖 장승 옆에
기둘리고 있지요

봄비가 부슬부슬 내리기 시작하면
방에 들어와
당신께 긴 편지를 쓰겠습니다

저만치
당신 발자욱 소리 들리기에
봄소식도 성급히 전해졌습니다

나르시스의 방

내 방엔 거울이 하나 있어요
내 모습만 비추는 거울이죠
거울에 비친 내 모습이 너무 아름다워요
거울 앞에 앉아 나는 내 모습을 오래도록 바라다
봐요
숨겨진 뒷모습은 유감이죠
나는 내 모습에 반했어요
거울에 비친 내 모습을 사랑해요
내 방엔 나와 거울밖에는 없어요
다른 사람은 들어올 수 없죠
나는 아무도 사랑하지 않아요
나도 사랑하지 않아요
거울에 비친 내 모습만 사랑해요
거울이 깨지면 내 모습도 깨어지죠
거울이 없으면 나도 없어져요
나는 거울 속에서만 존재하니까요
거울 속의 나와 사랑에 빠져있어요

다른 사람은 안중에도 없죠
거울의 시선 속에서만 나는 빛이 나죠
거울을 바라보지 않으면 나는 사라져요
거울이 없으면 나는 한낱 허무일 뿐
애초부터 나는 없었어요
거울 속의 나만 존재했었으니까요.

나무가 있는 풍경

낙엽 떨어진 나무들 사이에
아직 붉은 잎들이 매달려 있는
나무 한 그루 서 있다

밤에 수은등이
불을 환히 밝히면
나뭇잎들이
붉은 기지개를 펴며
어두운 길을
맑은 눈으로 내려다본다

난 알아요

보이지 않아도 난 알아요
주님 나와 함께 계심을
들리지 않아도 난 알아요
주님 말씀하심을
느낌이 없어도 난 알아요
주님 날 만지고 계심을
오! 주님!
늘 함께하시며 날 인도하시네
내 일생 다하도록
숨쉬는 순간마다

내 영혼 영하 30도

지금은 영하 10도
사람들 코에서 빙초산 냄새가 난다
새콤한 초고추장에
푸들푸들 몸을 떠는
도다리 회 한 점 입에 넣고 싶다

눈섭이 날린다
뼛속까지 눈발이 들이친다
체감온도 영하 15도
소주 한 잔으로
떠는 마음을 달래며
방구석에 처박혀 오징어를 잘근거린다
청승지수 영하 20도
저 멀리
눈발에 끌려가는
내 영혼 영하 30도

노을 속으로

저물녘 산등성이에 걸려있는 노을
붉은 자위가 푸른빛 한지 위로 번져간다

세상은 어둠 쪽으로 반쯤 기울어져 있다

다 내려앉지 않은 어두움이
어스름한 풍경을 한껏 위태롭게 한다

바람이
노을 속으로 걸어 들어간다

나는 산그늘에 잠긴다

노을의 사색이
깊어진다

먼 길을 가던 산길이
노을빛을 품는다

누렁개의 추억

해바라기가 긴 목을 담장에 기대어
졸고 있었다
송아지만 한 누렁개가
잠든 내 목을 핥았다
소스라쳐 일어난 눈앞으로
엄마의 모습이 스쳐갔다
메주 띄우는 냄새가
외갓집임을 알려주었다
할머니는 흰 찹쌀풀을 발라 말린
깨꽃을 튀겨 설탕을 뿌려 주었다
깊은 우물이 있는 마당에서
외할아버지가
채송화를 심고 있었다
막내이모는
오르간을 치고
나는 노래를 불렀다
마당에 땅거미가 내리자

할아버지는 모깃불을 태웠다
나는 서툴게 익힌 사투리로
누렁개에게 욕설을 퍼부었다

눈물처럼 즐거운

어린 시절 세상은 너무 아름다웠어요
곡선으로 내닫는 언덕 위에서 풀을 뜯는 양떼
양떼들 사이로 흐르는 시냇물
울퉁불퉁 둥근 돌들도 박혀 있었죠
푸릇푸릇 이끼도 피어 있었어요
풀꽃들은 또 얼마나 분홍 노랑 파랑으로 흔들렸을까요
미풍이 지닌 고요함을 무슨 색이라고 할까요
아이들은 종달새의 입으로 주절거리고
옹기종기 물방울을 튕기기도 하면서
웃음소리는 또 얼마나 깔깔거렸을까요
장난꾸러기 싸이프러스 나무 병정이 울타리가 되어주었어요
저 우스운 걸음걸이는 어떤 색이라고 할까요

문득 고개를 들고 먼 세상을 바라보았어요
위를 올려다 보았죠

시원하고 푸른 궁창에서

흰 양떼가 가슴으로 안겨오더니

양떼는 이내 검은 구름으로 변하고

갈기갈기 찢겨져 흩어지기 시작했어요

세상은 갑자기 흑암으로 변했어요

옹기종기 아이들 웃음소리가 사라져버렸어요

돌들이 거꾸로 처박히기 시작했어요

늑대 울음소리가 천지에 진동했어요

세상에 진통이 시작되었답니다

고통을 사랑하게 된 후 세상이 너무 아름다웠어요

양떼들도 내 사랑을 축하해주었죠

세상도 다시 분홍 노랑 파랑으로 온통 흔들렸어요

때론 울퉁불퉁 마음도 아팠답니다

한 방울 눈물도 흘려봤답니다

하지만 싸이프러스 나무병정이 나를 지켜주었어요
저 단단한 가슴은 어떤 색이라고 할까요
하늘로 날아가 버릴 듯한 알록달록 무지개 색?

세상을 알게 된 후
눈물도 사랑하게 되었어요
그 후로 한 소녀도
어디론가 사라져버렸답니다

다리미

가슴은 서서히 뜨거워진다
차가워진 몸을 덥히기 위해선 시간이 필요해
기다림은 더 깊은 열정을 위해 필수조건이야
다만 그때 내 기다림의 자세를 생각하는 것뿐이다*
오랜 기다림이 뜨거움을 불러오지
충분히 뜨거워졌는지 알아보려면
조심스럽게 머리에 손을 대어봐
영혼이 조금씩 새어나오기 시작하는 걸
느낄 수 있니?
그래도 조금 더 기다려야 해
네 인내를 가다듬는 시간이야
열정이 들끓어오를 때까지
기다리는 거야
기다리고
기다리는 거야
봐!
드디어 영혼이 뜨거운 입김을

마구 내뿜기 시작하는 걸!
그 입김이 닿는 데마다 구김살이 펴지는 거야

* 황동규의 "즐거운 편지" 에서 인용

돌꽃

여신은 돌로 지은 궁전에 누워있다
농익은 알몸에서 비릿한 내음이 풍겨난다
우윳빛 살결이 수줍게 그 모습을 숨긴다
조심스럽게 몸에 손을 댄다
손아귀에서 자꾸 빠져나간다
한 번에 잡을 수가 없다
매끄러운 몸은 향유로 씻은 듯
후각을 자극한다
왈칵!
욕정이 올라온다
여신은 조심스러운 태도로 맞이해야 한다
성스러운 입맞춤은
여신을 맞아들이는 첫 예식이다
천천히 입을 맞춘다
입술 위에서 탱탱한 몸이 허리를 뒤튼다
가만히 몸을 깨물어본다
입 안 가득 사향 냄새가 번진다

돌덩어리들은 더 이상 꿈꾸지 않는다

다듬잇돌
돌절구통
멧돌

나란히 나란히 베란다에 놓여있다

젊었을 적
어머니 허리를 휘게 한
애물단지들

주름을 편다
한숨을 찧는다
굵은 눈물을 간다

돼지만 살아남다

돼지우리 정화조를 청소하던
태국인 인부 두 명이 미끄러져 위험에 빠지자
그들을 구출하려던 농장주 아들이
정화조에 빠졌고
다급한 아들을 구하려다 농장주마저
모두 정화조에 빠져 죽었다

돼지만 살아남았다

써 놓고 보니 유쾌한 웃음은 아니겠군 씨니컬한?

뒷모습

황혼의
긴 그림자 뒤로하고
홀로 걸어가는
바람의 뒷모습이
붉다

어찌할 수 없다는 듯
흔들리는 풀잎
그 위에 실린 비애를
달아볼 수 있을까

당신 마음 얼룩지게 하는
당신 그림자

바람마저 떠나버린
황혼
그 뒷모습

들키다

자판기 커피를 마시고 남은
종이컵을
버스 의자 밑에
살짝 밀어놓았다

차가 덜컹거릴 때마다
빈 종이컵은
이리 구르고
저리 구르고

또르르르
소리까지 내며
이리저리
굴러다닌다

마라나타

파아란 하늘에
흰 구름 떠가네
주님 생각날 때면
먼 하늘을 바라보네

구름 타고 오실 주님
오소서! 오 주여!
마라나타
마라나타
곧 오소서 내 주여!

죄짓다 들킨 마음이
이런 것일까
가슴은 콩닥거리는데

무심한 종이컵은
여전히
또르르르
또르르르

맨해튼 주변을 떠도는 배

뜨거운 열기에 지친 하루해를
마천루 그늘 아래 묻어두고
Staten 페리에 몸을 싣는다
갈매기 몇 마리
뱃고동 소리 따라
하늘로 흩어진다

지친 태양이 허드슨 강물 위에
검붉은 피를 토해 놓았다

그 옛날
신대륙을 찾은 개척자들은
무엇을 위해 고향을 떠나왔을까
America The beutiful
낯선 땅에서 꿈을 일구던 노래만 남아
앓는 몸을 뒤척이는
그들의 정신, 그들의 이상, 그들의 소원...

허물어져 가는 할렘의 뒷골목
어느 길모퉁이에서
썩은 시체처럼
이리저리 뒹굴고 있을 컨트리여!

태평양을 건너온 나의 꿈이여!
멀리 모습을 드러낸 자유의 여신상이
한숨을 거칠게 내쉬고 있다

명태

속도 없다
내장 다 빼어버리고
줄줄이 아가리가 꿰어
일렬종대로 줄서서 매달린
명태

속도 좋다
벌린 아가리로
자신을 피말리는 인간들을 향해
뭔 말이라도 하고 싶을지 모르는데
쩍하니 입을 벌린 채
말 한마디 없다

속 없고 속 좋은
명태군단을 보면서
우리 인간도 그렇게 살았으면
말 없이 고초를 겪어가며
천 근 침묵의 무게로 중심을 잡기를

날아다니는 말이 너무 많다

모순

저녁을 먹으며 뉴스를 본다

아이티 난민들이 화면에 뜬다
아이들은 울고 있고
작은 냄비에는 풀죽이 끓고 있다
그들의 마지막 양식이다

나는 잘 구워진 고등어 한 토막을 크게 떼어
입 안 가득 처넣는다

미분음

하느님은 귀가 얇고
모든 소리를 크게 듣는다
소리 없이 듣는다
가타부타 말을 않는다

하나님은 말없이 말을 건다

바닥에 대한 예의

귀청을 찢는 확성기에서
찬송가가 흘러나오고 있었다

- 저 높은 곳을 향하여 날마다 나아갑니다~

사내에게 저 높은 곳이 어디인지
그런 곳이 있다면
몸통으로라도 기어오를 것인지
바닥을 모르는 나도 함께
아래로 아래로 추락하고

바닥을 친 사람들만 동전을 꺼낸다
바닥에 누울 각오가 된 사람들이
저 높은 곳을 향하여 나아간다

저 사내의 바닥이
하늘에 떠있었다

바닷가에서 시 쓰기

깊은 반추의 물무늬
안으로 밖으로 꼬리를 물던 생각이
긴 수평선에 이른다

통통배 하나 수평선을 끊으며 돌아온다

상념의 맥이
툭!
끊긴다

모든 저무는 것들의 목덜미는 아름답다

반성

아이티 어린아이의 검고 까만 눈동자가
사진 밖에 있는 나를
빤히 쳐다본다

찌그러진 젖통에 매달려
빈 배만 불룩하다

눈물이 말라붙어
강이 말랐다

너와 슬픔을 함께한다 하면서도
아직 지갑을 열지 못했다

발견

바람이
풀잎을 흔든다

어느 별에서 날아왔는지
풀잎만 흔들고
사라진다

풀잎 하나가 흔들리면
은사시나무 그늘이 흔들리고
풀잎 하나가 흔들리면
사슴뿔도 흔들린다

여린 풀잎이
바람을 흔든다

밤바다

달빛이 물속 깊이 출렁인다

어느 별에서 날아온 갈매기인가
흰 날갯짓을 배우다
수면 위에 둥그러니 달을 낳았다

두 개의 달이 갈매기를 부른다

둥근 달이 수평선 아래로 자맥질을 한다

제가 낳은 알을 안고
물 속 깊이 몸을 던지는 갈매기

바다에 등이 꺼졌다

백목련 피던 날

바람이 달을 품는다

눈에 익은 그림자 하나가
기지개를 켠다

그리움 끌고 나가
꽃등을 밝힌다

그림자가 긴 꿈을 꾼다

별 헤는 밤

서울 하늘에 별이 사라진 지
오래이더니
빈 하늘 어귀에
별 하나 떴습니다

별은
보름달 곁에 꼭 붙어
떨어지려 하지 않습니다

혼자 뜬 별이
별종이라 했더니
보름달과 함께 자리해
더 별종이란 생각이 듭니다

달은
옆에 붙어있는 별빛을
지우지 않습니다

그가 빛나는 것은
별빛을 가리우지 않기때문입니다

北天

왜가리 한 마리가
푸드득
바람을 안고 간다

달의 얼굴을 가르고
제 그림자를 끌고
북국을 향해 간다

사람의 마을로
푸른 깃털이 떨어진다

북천의 가장자리가
문득 환해진다

북천에 다다르다

김 노인은 무거운 지팡이를
벤치 위에 내려놓는다
그의 옆자리는
언제나 비어 있다

모래놀이를 하는 아이들을 바라보며
김 노인은 담배 한 개비를
피워 문다

담배 연기가
길게 꼬리를 물고
하늘을 향한다

북천 가장자리에 가 닿은 담배연기가
구름처럼
손자의 얼굴을 그려보인다

김 노인은 연신
담배만 빨아대고 있다

비 온 뒤 산책

물향기 피어오르는 산길을 걷는다
풀내가 발바닥을 간지른다
깨어진 구름 사이로
푸른 햇살이 고개를 내민다
어디서 날아온 새 한 마리
물방울을 튕기며 나뭇가지에 내려앉는다
세상은 말끔히 씻기어졌다
언제 호된 비를 맞았냐는듯
새는 어느새 랄랄라
산속의 고요를 깨고
새소리 밟고 랄랄라
언제 마음에 비가 들이쳤냐는듯
고요한 숲속 길을 걸으며 랄랄라

산책

어린 새가
부리의 노래를
시냇물 속에 빠뜨렸다

돌돌
시냇물이
노래하기 시작했다

젖은 채 떠내려가는 음표들!

어린 새가
공중에 빈 발자국을 찍고 있다

새섬

누군가 물소리 첨벙이며 오고 있었습니다

가로막혔던 물이 걷히고
젖은 발자국소리 들려옵니다

우리 서로 닿을 수 있는 길이
물속에 숨겨져 있겠지요?

물이 빠지니
보이지 않던 길이
수줍게 몸을 드러냈습니다

서툰 노래

어느날 내가 숲속으로 걸어들어가
나뭇가지에 앉아있는 새처럼
그대의 이름자리에
가만히 앉아
이제 막 옹알이를 배우는
저 작은 새처럼
서툰 목소리로
너의 이름을 부를 때
너는 음률이 맞지 않는 노래로
나즉히
난생 처음 배운 음조를 읊조리리

바람이 불자
우
수
수
낙엽이 떨어진다

그러면 계절이 색색으로 물들인
나뭇잎 사이로
이제 저물기 시작한 길을 걸어가는
노인의 깊숙한 눈동자가
잠시 흔들리리
내가 용기를 내어
맞지 않는 음정으로
너의 이름을 불렀을 때
이제 막 노래를 부르기 시작한
저 작은 새처럼

석류

터질 것 같아
가슴팍에 알알이 맺혀 있는
붉은 응어리들
피맺힌 한이 너무 아파
터질 것 같아

언제부터 그것들이
가슴팍을 헤집고
잦아들었는지
나는 몰라
날이 찰수록
부어올라 탱탱해진 알몸

아

터질 것 같아

찢어지는 아픔 뚫고

밝은 햇살을

받고 싶어

세월 따라 더 단단해진

마음의 껍질을 벗고

보석처럼 투명하게

속내를 드러내고 싶어

너에게 보여주고 싶어

곧 터질 것 같은

이 피맺힌 상처를

성 루오*

모든 경계는 허물어져 있다
세속과 종교는 하나이다
사물과 배경은 분리되지 않는다
사물은 배경이고 배경은 사물이다
원래 경계는 없었다
거친 검은 선은 무너진 경계의 안간힘이다
신과 인간은 하나이다
신은 인간에게 옷자락만 보인다
가로막힌 담은 마구 칠한 검은 선으로 구분된다
경계선은 허물어지지 않는다
경계가 무너진 인간은 무채색을 띠고 있다
예수는 무채색이다
예수는 하늘에 계신 아버지와 하나이다
예수는 아버지 안에 거하고
아버지는 예수 안에 거한다
경계는 조용히 버티고 있다
그 안에 따뜻한 빛이 태어난다

모든 경계에는 꽃이 핀다**

* 프랑스의 화가 판화가 도예가이자 스테인드 글라스 제작자. 중세 프랑스의 거장들한테서 받은 영감을 그림으로 표현하면서, 르네상스 시대 이후 분열된 종교적 전통과 세속적 전통을 통합했다.

** 함민복의 시집

세기 말

싸이프러스 나무에 땅거미가 걸리고
신이 죽었다는 소문이 들렸다

시

텅 빈 머릿속에
자음 모음이 어지럽게 떠다닌다
무엇을 써야하나?
어깨에 잔뜩 힘이 들어간다
머리를 쥐어짠다
싸움 걸듯 첫 번째 문장을 옮겨본다
흙탕물만 나온다

제기랄!
삶이 야윈 탓이다

시2

창문 밖에서 울어대는 새소리를
흰 종잇장 위에 조용히
그리고 겸허히
마음으로 옮겨 적는 일

시기심의 역동*

아파트 옆에는 공터가 하나 있다. 그 공터는 언제나 깨끗이 정돈되어 있고, 주위에는 철책이 쳐져있다. 거기에는 해맑은 나무가 서 있고, 밤이 오면 별들이 말똥말똥 눈망울을 반짝이며 떠있고, 순진무구한 새 몇 마리가 쌕쌕거리며 잠을 자고 있다. 어떤 때는 사람들마저 깨끗이 청소해버려 티끌 하나 찾아볼 수 없다. 그런 공터를 볼 때마다 나는 가끔 철책 안으로 몰래 기어들어가 아무 이유 없이 난장을 부리고 싶어진다. 그때마다 동조하듯 바람이 휘몰아친다.

그러던 어느 날 하얀 안개가 공터를 감싸안고 있을 때 나는 그곳에 찍! 하고 침을 뱉었다. 씨익, 죄의식이 능글맞게 소리를 내며 웃었다.

* 멜라니 클라인의 시기심의 역동
유아의 무력함과 의존은 만족에 대한 욕구를 공격적인 것으로 변화시킨다. 젖가슴에 대한 욕구를 인식하는 즉시 유아는 자신의 생존을 위해 필수적인 것을 갖고 있는 좋은 젖가슴에 대해 시기심을 느낀다. 클라인은 시기심 안에 좋은 대상을 망가뜨리고 제거하며 그것을 나쁜 대상으로 대체하려는 욕망이 내재되어 있다고 믿었다.

심리학 개론 - 압력밥솥

끊임없이 열을 받는다

치익 칙
김이 올라온다

함부로 건드리면
폭발할 것이다

정기적으로
김을
빼주어야 한다

아침 노래

창 밖의 새는
아침마다 음률을 고르는지
매번 다른 노래를 들려준다

알람보다 순한 그 노래는
잠을 깨우기보다는
꿈을 꾸게 만드는데

모른다 우리는
그 누가 새의 노래를 만들었는지

아침노래2

날이 밝기도 전에
창밖에서 휘파람을 부는
작은 새여
네 나라가
이곳이 아님을 안 지
오래
지금은 먼 타국처럼 멀어진
어린 시절부터
나는
네가 이국놈임을 눈치챘다

너의 노래는
빛 고운 햇살을 깨워
창문 너머로 들여 놓고
순한 음률로
하늘 가에 머물러 있구나

어린 시절부터
너는 내게 노래를 가르쳤고
나는 풍각장이
너의 노래를 닮고 싶어
시를 쓰기 시작했다

어느 날 기적처럼
너의 노래가 내 마음 가에
머물렀을 때
나는 풍각장이
새소리 닮은 나의 노래를
거리낌없이 부를진저

양파

양파 껍질을 벗긴다

그 속을 알 수 없어
한 겹 두 겹
벗기고 또 벗긴다

남은 것이라곤
손에 묻은
매콤한 냄새뿐!

어린 방울꽃의 슬픔

안개비 속에
귓불 여린 은방울꽃이
땅바닥을 향해 매달려있다

바람이 불자
딸랑, 울음을 토해낸다

고개를 흔들며
고인 눈물을 떨어낸다

누가 저 작은 꽃에
슬픔을 새겨 넣었는가

안개비가
은방울꽃의 볼을 어루만지고 있다

어처구니

말더듬이의 밤은
채 뱉지 못한 말처럼 온다

내 몸에는 쉼표가 너무 많다
너무 일찍 침묵에
길들여져 버렸다

내 입은
너무
바쁘다

끊임없이 공기를 들이마신다
끊임없이 말을 만든다

뱉지 못한 말들이
별처럼
하늘에 떠 있다

말더듬이의 밤은
너무 길다

어처구니2

웅덩이에는 하루살이들이 들끓는다
머리를 부딪는 줄도 모르고
오글오글 말도 많다
검은 말들이 앞 다투어 떨어진다
웅덩이 속에 빠진 말들은
날아오르지 않는다
하루살이들은
내일을 가늠할 줄 모른다
하루종일 웅덩이를 휘젓고 다닌다
움직일수록
웅덩이가 더욱 탁해진다
날갯짓이 시야를 가린다
길은 내지 못하고
가는 사람 앞만 막아선다

어처구니3

바람이 불면
그대는 창고에 나는 새처럼
불면 날아갈까?

허공에 제 발자국을 찍고 있는 새는
푸른 하늘에 잔영을 남기지만
그대는 내 마음에
불면 날아갈
잔영이라도 남길까?

어디다 새겨두고 싶은
우리들의 발자욱이
허공을 그리며 날아가 버리면
후!
불어 어룽거리는 잔영이라도
마음에 새겨둘까?

엘렉트라 콤플렉스* - 악몽

눈에 검은 썬그라스를 쓴
한 여인이 내 앞에 서 있었어
어디선가 많이 본 듯한 얼굴이었어
그녀는 상체를 온통 알몸으로 드러내고
가슴은 배꼽까지 축 처져 있었어
주름진 뱃살이 팬티를 덮고 있었지
참 혐오스런 모습이더군

나는 손에 작은 권총을 하나 들고 있었어
정오의 태양이 힘을 잃어갈 때쯤
나는 그녀의 배꼽을 향해
총구를 겨누었어

탕!

한 발의 총성이 울리자
그녀는 살점을 털린 돼지처럼
방바닥을 뒹굴었어

* 엘렉트라 콤플렉스
4~6세의 남근기에 이성의 부모에게는 애정을 느끼고, 동성의 부모에게는 질투와 경쟁적인 증오심을 느끼는 시기가 있다. 이렇게 아버지와 어머니 그리고 아이와의 사이에서 만들어지는 삼각관계를 프로이트는 에디푸스 콤플렉스라고 했다. 여자 아이에게서 나타나는 에디푸스 콤플렉스를 엘렉트라 콤플렉스라 한다.

여름날의 발광

매미가 울고 있다
울음보를 비우기 위해
안간힘을 쓰고 있다

어딘가에 닿고 싶은가 보다
목소리만이라도
누구에겐가
전하고 싶은가 보다

한여름 낮을 찢어발기는
저 발광!

나도 너에게 미치고 싶다

연민

집들이 선물로
친구가 마그니 휘커스를 들고 왔다
사막을 안고
불청객이 들이닥쳤다

애초부터 화조 따위엔 관심조차 없던 터라 선인장을 거실 한구석에 밀쳐놓았다 그날부터 선인장은 홀로 무관심을 견뎌내야 했다 평생 그렇게 가시철갑 속에 갇혀 관심을 받지도 주지도 않고 살아왔을 것이었다

얼마나 목이 말랐을까

어느 날 문득 선인장이 나와 같다는 생각이 들었다
사랑에 목이 마를 때마다
자주 물을 주었다
그때부터 선인장은
비칠비칠 말라가기 시작하더니
끝내 목을 꺾고
일어서지 못했다

사랑이 독이 되었다

연민2

장대비 내린 뒤
아파트 화단 옆에
지렁이가 죽어있다
얼마나 몸부림을 쳤는지
온몸이
뒤엉켜 있다

빗방울에 맞아 죽었는가
너덜너덜
멍이 들어있다

발로 지그시 건드려본다

죽은 지렁이는 밟아도 꿈틀하지 않는다

예술

비디오아티스트 백남준은 말했다
“예술은 사기다”

앤디 워홀은 말했다
“예술은 장사다”

나는 감히 말하건대
“예술은 놀이다”

오동나무

굳게 닫힌 철문 뒤로
늙은 오동나무 한 그루 서있다

온통 검버섯 투성이다

세월의 껍실 너 딘단헤진 검버섯

팔다리는 잘려져
보이지 않는다

검버섯 투성이인 어머니가
굳게 닫힌 철문 밖에서
손짓을 한다

외딴 섬

바다는 안개에 젖어 수평선을 감춘다. 하늘과 바다가 하나 된 곳에 배 몇 척만 기우뚱거린다. 바람이 안개를 몰아 거두어가고 남은 빈자리에 시커멓게 입을 벌린 갯벌. 밀물에 밀려들었다가 썰물 따라 가지 못한 불가사리들이 돌 틈에 박혀 젖은 몸을 말린다. 좁은 구멍 속으로 몸을 감춘 바지락들 느닷없는 호미질에 놀라 뻘 속으로 더 깊이 숨어든다. 뒤뚱거리며 따라오는 어지러운 발자국들. 어느새 발끝까지 차오르는 바다, 홀로 인기척을 지우며 물속에 잠겨 드는 섬.

용문객잔

들녘은 객잔입니다

무성한 백양목 한 그루만
달그림자 아래 서있습니다

세상 밖에서 떠돌던 손님들은
아직 오지 않았습니다

지등은
먼 지평선을 비추고 있습니다

늙은 개의 텅 빈 울부짖음 속으로
불면의 밤은 깊어갑니다

향비파소리가
들리지 않습니다

유년기

투두둑
뒤뜰에서
석류껍질이 터지고 있었다

날선 말의 화살이 땡볕으로 쏟아지고 있었다

화살촉이 피 멍든 석류알을
콕콕
찔러댔다

빨갛게 익은 상처가
속으로 터져 있었다

나는 두 번 다시 석류를 먹지 않았다

유채꽃

수평선 쪽을 기웃거리던 노란 꽃모가지가
자꾸 바다로 꺾인다

숨비소리 들린다

동화 속 마법의 피리소리를 들은 듯
파도가
노랗게 일어선다

윤회

아그배꽃 핀 자리에
아그배꽃 진다

아그배꽃 진 자리에
사리가 맺힌다

아! 배꼽 떨어진 자리에
환하게 눈물만 고이고

일상을 노래함

우리네 사는 일이
달력을 넘길 때마다
이마에 하나씩 늘어가는 주름살처럼
잔 근심 걱정의 주름살 늘리는 것 같아
곰곰이 생각할수록
잘다
생각이 잘고
하는 일이 잘고
기쁨 슬픔도 잘고
그 자디잔 일들이 모여
천근 무게같이 가슴에 얹힐 때
한숨 근심이
천금같은 매일을 누를 때
아니, 짓누르고 있을 때
문득!

고개를 들어 너른 하늘을 바라보면
허공이 환하게 뚫린 하늘가로
흰 기러기떼
제 발자국을 찍으며 날아가는
그 의미를 알아볼 수 있을까

잊혀진 평화

성당 종소리가 유독 처연하게 들리는 날은
어김없이 안개가 낀다
유리창을 점령한 안개 속으로 손을 뻗는다
새벽은 아직 눈이 침침하다
어두운 사람들 틈에서 지그재그로 길을 잃는다
비둘기는 더 이상 평화를 노래하지 않는다
비둘기의 말은 너무 빠르다
알아들을 수가 없다
잊혀진 평화는 안개 속에 그냥 묻어두기로 한다
다만 더듬어 나아갈 뿐!
아주 헤매지는 않을 것이다,
더 이상 잃어버릴 사랑이 없으므로

콘크리트 잔해를 뚫고 민들레가 꽃대를 밀어올린다
폐허 속에서도 꽃은 피는구나!

민들레를 데리고
성당으로 간다

작은 소묘

어느날 그대가 내 방 창문 밖 고요 속에 서서
아침이면 휘파람을 부는 새소리에 잠겨
나를 부를 때
나는 맨발로 뛰어나가고픈 마음을 꾹 누르고
침대 위에서 늦장을 부리며 뒤척거리겠네

삭막한 도심을 헤매이다가
어느 아스팔트 길 한 지점에서
우리가 기적처럼 마주친 때가…
아! 그 소중한 기억이 남아있지 않다니!

아쉬움을 뒤로하고
우리가 다시 각기 걸어가야 할 길로
발걸음을 재촉했을 때
그대의 휘파람 소리가 창문을 조용히 흔들며
새소리처럼 내 잠을 깨우겠네

죄의식

벌건 대낮에 젊은 사내 하나가 전동차 안에서 졸고 있다

쑥대밭처럼
마구 헝크러진 채

거친 숨소리에서 술 냄새가 풍겨난다

양옆의 자리는 비어있었지만
아무도 앉지 않았다

나도 앉지 않았다

주님을 모시면

기쁨 충만!
은혜 충만!
주님을 모시면

기쁨 충만!
은혜 충만!
주님을 모시면

오! 주님!
날 부르셔서

오! 주님!
날 고치시었네

기쁨 충만!
은혜 충만!
주님을 모시면
주님을 모시면

찬양시 하나 써봤어

오직 주님

주님 안에 참 평화 있네
주님 안에 참 만족 있네
오직 주님! 주님만이 참 소망
영원히 함께하리

친구

문을 꼭꼭 걸어 잠가도
빗소리는 벽을 뚫고 들어와
거실바닥을 적신다

무료한 시간이나마
나누어 주겠다고

빗소리는 나와 친구가 되었다

발가락을 간지르며
바닥을 투둑 타닥 뛰어다닌다

마음을 주지 않으려고 해도
자꾸만 귓가를 두드린다

큰 성과 같은 주님

나의 주는 큰 성과 같아서
그 안에 머물러 있으면
나를 해할 자가 없겠네
악한 세력 몰려 왔다가
힘 없이 물러가네

오! 나의 주님!
보배피로 나를 샀으니
그 귀한 피 한 방울도
그저 사라지진 않겠네

나의 성곽 되신 주님
영원히 보호하소서
나의 요새 되신 주님
영원히 찬미 받으소서

파로호

호수에 빠진
달빛이 차다

바람이 불자
물결이 요동을 친다

물에 비친 달의 얼굴이
일그러진다

물의 장벽이
무너져 내린다

무너진 호수 위로
보름달이
얼어붙는다

햇살 전도

성당 주변에
가슴에 띠를 두른 사람들이
늘어서 있다

성가집을 든 신자들이 지날 때마다
불쑥불쑥
명함을 들이민다

평생
고해성사라고는 했을 것 같지 않은
얼굴 하나가
명함 속에서 웃음을 짓고 있다

햇살이 그의 손목을 잡아끌고
성당 안으로 들어선다

고해실 문이
활짝 열려 있다

혼잣말처럼

태양은 45도 각도로 기울어
거실의 3분의 1을 차지하고 있다
햇살이 오후의 모든 것을 품어안는다
창밖 나무의 머리채를 흔드는 바람과
집을 향해 무심히 달려가는 짧은 스커트의 소녀에게
햇살은 괜찮다, 괜찮다 애무하고 있다
기울어 가는 모든 것들은 헤진 눈물처럼 쓸쓸하다
어느새 나도 태양을 향해
45도 각도로 기울어져 간다
저 멀리 꺾여진 길이 보인다
그 끝은 시야를 벗어나 있다
그렇게 사물들의 끝은 비밀스럽다
양손을 햇살의 따스함에 맡겨본다
이 순간만은 태양도 한없이 너그럽다
그것만으로도 나는 이미 충분하다
바람이 있고
달음박질하는 소녀가 있고

그 끝을 알 수 없는 길이 있기에
혼잣말처럼
나는 행복하다

흔들림에 대하여

멀리 보이는 길 위로
자전거 한 대 비틀거리며
가고 있다
간신히 중심을 잡으며
흔들거리는 아이
창밖으로 펼쳐지는 배경이
중심을 잡지 못한 시소처럼 기우뚱거린다
저녁 무렵 노을의 테두리 밖은
온통 흔들거리고 있다

흔들림은 우리 마음 깊은 곳에
언제나 깃들어 살고 있다
그걸 인정할 때 비로소
중심에 균형을 잡고 맘껏 흔들림에
몸을 맡길 수 있다

저 흔들림에 맘껏 몸을 싣고
어디론가 가고 싶다

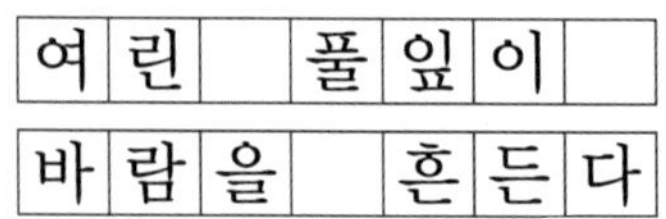

1판 1쇄 발행 2018년 04월 10일

지은이 임현경
펴낸이 김재선
펴낸곳 예솔
주소 서울시 마포구 양화로 6길 9-24 동우빌딩 4층 예솔
전화 02-3142-1663(영업), 335-1662(편집) **팩스** 02-335-1643
출판등록 제2002-000080호(2002.3.21)
홈페이지 www.yesolpress.com **E-mail** yesol1@chol.com

ISBN 978-89-5916-718-0 03800

* 책값은 뒤표지에 표시되어 있습니다.